나도 빈집에 남은 낙타였다

나도 빈집에 남은 낙타였다

김열수 시집

작가의 말 ——————————————

나누고 싶은 말

슬픔을 살펴보았습니다.
슬픔에서 파생되는 모든 원인과 감정에는 상실이 빠지지 않았습니다.

상실의 아픔과 기억은 당사자들에게는 끝없는 여정이지만
타인에게는 그들이 정한 슬픔의 유통 기한이 존재했습니다.

이 차이로 생기는 위로 방식은 일정 기간이 지나면서 위로가 아닌 피하고 싶은 마음들로 변하고, 어느 순간 스스로 고립을 선택하고 혼자만의 공간을 만들어 이미 익숙해진 비운의 주인공처럼 살아가게 됩니다.

슬픔은 평소 낯설고 싫은 감정이지만, 오래 머물다 보면 벗어날 수 없는 중독성이 있습니다. 이는 상실의 아픔을 겪고 있는 사람들에게 행복과 기쁨을 강요하면,

그들은 죄를 짓는 행위와 같은 의미로 받아들이게 됩니다.

　우리는 위로하는 마음은 크지만, 그들을 위로하는 방식은 잘 알지 못하고 서툽니다. 또 우리는 슬픔의 아픔과 통증은 잘 견디지만, 그것을 치유하는 방법 또한 모르고 긴 터널에 갇히게 됩니다.

　나이가 들면서 주변에 늘어가는 상실의 아픔을 지켜보게 됩니다.
　누군가를 일으키려고 하면, 반드시 쓰러져 있는 그와 같은 높이로 몸을 낮춰 붙잡고 함께 설 수 있어야 한다는 것을 알았습니다.

　말로 직접 전달하는 나의 언어 또한 누군가에게는 불편한 진실일 수 있습니다. 누군가는 쓰고 또 누군가는 읽을 수 있어야 슬픔은 치유가 됩니다. 쓰다 보면 스스로 그 아픔의 진실을 알게 됩니다. 읽다 보면 그 진실이 불편하지 않아집니다.

눈물

달래는 마음
모르진 않지만

그만 울라
마셔요

그녀는 지금
슬픔
덜어내는 중이예요

학창 시절부터 시를 읽고 쓰는 것을 참 좋아했습니다. 늘 시심을 가지고 살아가다 늙어 가기를 소망하며 살았습니다.

지나온 과정 들킨 듯 쑥스럽지만, 제가 온 길 위에서 아직도 힘겹게 겪고 있는 분들에게 조금이나마 위로와 치유의 방법을 전하고자 용기를 내어 졸작이나마 내놓았습니다.

시를 쓰고 퇴고를 거듭하면서, 감정은 하나로 표현

할 수 없는 복합성을 가지고 있다는 것을 알게 되었습니다. 마음속 많은 감정들을 하나로 인식하지 말고, 하나하나 꺼내어 살펴보면 따로따로 움직이는 그 실체를 알게 됩니다.

그 복합적 감정 중 하나만 선택하여, 현재 자기 정체성의 본질로 귀결시키지 않으면, 그 감정은 더 이상 내 것이 아닌 객체로서 다스릴 수 있는 방법을 알게 되며, 괴롭히지도, 집착하게도 하지 않습니다.

아직도 슬픔이 힘겨운 분들에게 바칩니다.

차례

작가의 말

1부
노을에게 ·14
남겨진 공간 ·16
천국에는 그리움이 없어야된다 ·18
작은 언덕으로 가는 길 ·20
아프다고 다 울지 않습니다 ·22
첫 휴가 ·24
달뜨는 달력 ·26
생일 ·28
또 얼마의 세월이 가야 될까 ·30
결혼기념일 ·32
회상 ·34
교복 ·36
첫 꿈 ·38
남겨진 일 년 뒤 ·40
하얀 기억 ·42
묻히면 새싹은 나는데 ·44
치약 ·46
한낮의 꿈 ·48
확인 ·50
상사화는 피는데 ·51
얼음꽃 향기 날리는 날 ·52

수다 ·54

또 다른 수다 ·56

담쟁이 꽃으로 피다 ·58

가을앓이 ·60

가을나무 기억 ·62

독백 ·64

겨울 독백 ·66

겨울 숲 이야기 ·68

소나무 전설 내리고 ·70

첫눈을 기다리는 너에게 ·72

스며드는 것 ·74

겨울 어느 날 ·76

매화, 휘파람새 그리고 나 ·78

산벚나무 아래에는 바다가 있다 ·80

체온 ·82

사막에서 온 편지 ·84

맺히면 쏟아진다 ·86

카라꽃 촛불처럼 피고 ·88

이별을 지나서 ·90

혹시 맞나요? ·92

2부
깍꿍 · 94
기억의 손맛 · 96
눈 오는 날 · 98
지금은 갈 수 없는 마을 · 100
사라진다 해도 · 102
도돌이표 · 104
무궁화 꽃이 피었습니다 · 106
친구야 우리도 · 108
걱정 말게 친구야 · 110
구피와 나 · 113
바다 속 연가 · 115
궁평항 · 117
어둠은 길지 않다 · 119
별 · 121
이방인 · 123
고독 · 125
바람과 둥지 · 127
누구나 한번은 · 129
스키드 마크 · 131
숲으로 · 133
그 산에는 · 134
오월의 숲속 · 136
비 오는 날 · 138

죽부인과 아카시아 ·140
달빛에 빼앗기고 ·142
제목 234쪽 ·144
매미울음 ·146
초록나무숲 ·148
하늘 수채화 ·150
가을비 숲속에서 ·151
유리창을 닦으며 ·153
달무리 ·155
바람에 달 부서지고 ·157
가을 자폐증 ·159
겨울아침 창가에서 ·161
빙하의 시대 꿈꾸며 ·163
어떠세요? ·164
너와 나의 시 ·166
헌 운동화 ·168
잔상 ·170
낙하 ·171

3부
너는 다시 찾아왔다 ·174
못자국 ·176
빈자리는 없다 ·178

선물 받은 두 개 커피잔 ·180
슬픔이 아는 진실 ·182
시인을 경계하라 ·184
뇌졸중 ·186
요양병원 ·190
여의도 탁란 ·192
프록시마 센타우리 ·194
공존을 위한 설득 ·196
단촌역 ·198
핸드폰 없던 시절 ·201
동쪽을 걷는다 ·203
하롱베이 크루즈 ·205
너는 외로움을 행복으로 읽어 ·207
빗장 ·209
아픔을 쓰는 법 ·210

해설 /
간절함으로 담아낸 회상과 그리움의 시학 ·213

부

노을에게

물끄러미 바라만 보아도 좋을

순간은

항상
너무 짧다

너를 보고 누군가는
죽음을 상상할지 몰라

뚫려진 가슴에
노을이 짙어지는 날

이별은
혈관 속을 헤집고 다닌다

기쁨보다 슬픔이 앞서는 너

뜨거운 열기를 버리고 얻는

황홀한 죽음 앞에

누군가에게는

슬픔이었을지 모를 나도

노을이였을게다

남겨진 공간

행여
궁상으로 비춰질까

내 슬픔 보는 이에게
전해져 힘들지 않을까

참았던 말들

기어이
하게 하는 아침입니다

집사람 떠난 지
3주가 지난 듯합니다

이상하리만큼 안되는 것
오늘이 며칠인지
몇 번을 외우고 외워도
모릅니다

그렇게 일상들 흘러가고
집사람 떠난
그 공간에 남은 세 남자

약속이나 한 듯
집사람을 말하지 않습니다

또 어느 날인지 모를
이 아침

고1 작은놈
엄마가 그리웠던 모양입니다

가고 난 뒤
내가 잘 수 없었던 안방
혼자
엄마 베개 베고
집사람이 자던 그 자리
안듯 엎드려 자고 있습니다

천국에는 그리움이 없어야된다

갈 수 있는 나
올 수 없는 너

함께 살다
변해 버린 운명으로 생긴
몸살스런 그리움에

갈 수 있는 난
네가 있는 작은 언덕을 찾고

올 수 없는 넌
단풍 들어 나를 반긴다

네가 올 수 없듯
지금은 내가 갈 수 없는 세월

낙엽마저 그리움으로
변해 버린 곳 나는 있고

달빛마저 낙엽으로
쌓이는 곳 너는 있다

천국에는
그리움이 없어야된다

작은 언덕으로 가는 길

차로 늘 가던
조붓한 논길 걸었습니다

가을걷이 끝난 들녘
한가로운 햇살 여물고
금성산 마주 보고 걷는
논길 따라 흐르는 작은 개천
남은 가을 서둘러 흐릅니다

개천 흐르는 굴다리 기찻길 위
달리는 기차는
투명한 옆구리 사이로 손을 흔들고
멀리 빨간 꽃 항아리 놓인 무덤 하나

나보다 먼저 뛰쳐나오는 아린 마음,
걸음은 급해집니다

파란 하늘 담긴 연못 지나

작은 언덕 위

가을 저물듯
무덤가 나팔꽃 시들고
듬성듬성 잔디보다 키 자란 잡초

바람에 날린 낙엽
스산함을 보탭니다

일주일 뒤
군에 갈 큰애 오기 전
그 쓸쓸함
먼저 지우려 합니다

아프다고 다 울지 않습니다

연병장 가득
머리 깎은 아들
부둥켜안고 울고 있는
수많은 어머니

아들은
그 어머니 토닥이며
괜찮다고
위로 합니다

그 어머니
안아주는 모습
내 아들은 혼자
한참 동안 바라보았습니다

울고 있는 어머니
눈물 닦아주며

어렸던 아이들
쑥 자라고 있습니다

그 모습 바라보는
내 아들 눈엔
그리움 자라고

하늘에는
바람도 일지 않습니다

첫 휴가

꽃이 진 자리
꽃은 다시 피고

해가 진 자리
보름달 깎여 초승달 뜨던 밤

어미가 좋아하는 마가렛 몇 송이
눈에 담아주던 큰아이 첫 휴가

나흘간, 그 설렘의 나날 동안
혼자 일어나 밥 차려 먹으며
빈집 지키던 아이

그렇게 또 혼자
그 빈집을 데리고 떠났다

사막 같은 휴가
끝내고 복귀한 밤

어미가 진 빈방에 놓여있는
입고 벗어 놓은 옷들은
아이가 휴가 동안 느꼈을
감정의 덩어리처럼
뒹굴고 있다

바람 진 하늘에는
파도 소리 요란하고

주인 떠나보낸
큰 아이 침대
베개 하나 올려놓고
알몸으로
밤을 지샌다

달뜨는 달력

하늘에는
공허함 가득한데

내 눈은
하늘만 쳐다보고

내일이 지워진 달력엔
커다란 동그라미 하나

이제 촛불 하나
끌 사람 없는 날의 기억

징검다리처럼
놓여 진 숫자 뒤

푸른 달 하나
떠 있다

빈 들에 남은 이삭처럼
서리맞은 머리카락

세파에 거세진
몇 올 눈썹 위해
부질없는 버팀질

그믐밤 아니어도
하얗게 지새우던 날들
아니던가

또 날이 새면
하루를 다무는 가로등처럼

새벽닭 울음 사라진 도시
너는 눈물 나지 않는가

생일

마흔아홉 개와 하나

망설이다
초 하나 꽂았습니다

그리고
또 망설입니다

"생일 축하해"
라고 해야 하나...

말문도
생각도
막혀 버렸습니다

그냥 알려줬습니다
" 오늘이 생일이네 "

소주병을 땄습니다
그녀에게 먼저 주고
남은 술을
주저리주저리 읊조리며 마십니다

하늘에는
지나던 태양도
망설이고 있습니다

덩그렇게 붙여진 폭죽 두 개
집으로 가져왔더니

작은놈이 영정사진 앞에 앉아
생일 축하 노래를 부르고
터트립니다

또 얼마의 세월이 가야 될까

서쪽에 있는 그들이
그리운 사람은 동쪽에 있고

동쪽 홀로 있는
그녀가 보고 싶은 이들은
서쪽에 있다

오늘 지나면
달은 가득 차고
거울처럼 너를 비추는 달을

기다리는 사람도
떠나간 사람도
달빛 서러운 나도

달은 본다

차마 눈물 날까

외면하던 날들 쌓이고
작은 언덕 뜨는 달
무심히 차오르는 밤

건너 방에는
먼저 떠난 며늘
손때 묻은 살림으로

며늘에게 줄 차례 음식
종일 장만하던

늙은 시어머니
소리 없는 눈물 흐른다

결혼기념일

한 송이 장미꽃
결혼 1주년

두 송이 장미꽃
결혼 2주년

세 송이
네 송이…

오십 송이는
줄 수 있으리라
의심치 않았습니다

지난해
스무 송이 장미꽃

스물한 송이 장미는
시아버지가 사 주는 국화꽃

좋아했던 그녀에게

그 시아버지는
국화꽃 한 다발 들고
무덤가
국화 향처럼 울었습니다

회상

동공 풀린 눈으로
두 아들 모습 담아
먼 길 떠난 어미

두 아들은 그 어미를
뙤약볕 아래 묻어놓고
내내 울었습니다

어미 죽음으로 시작된 초여름
아이는 자라고
그 어미가 챙겨 주고 간 교복은
작아졌습니다

뇌사 3일째
"어머니 좋은 꿈 꾸세요" 인사하다 화들짝
좋은 꿈 꾸면 안 된다며,
좋은 꿈 꾸면
안 깨어날지 모른다며 울었다

뇌사상태 어미 꿈마저

염려하던 작은애

가을 교복을 다립니다

교복

14cm,

여전히 14cm.

세탁소 맡기고 찾는 게

직접 다리는 것보다 불편해

딱 한 번 맡겨보고

작은아이 교복은 늘

직접 다린다

다림질할 때마다

실소가 새어 나온다

어제 첫 제사 지낸

집사람 바람 때문이다

지난해

작은아이 고등학교 가기 전

하복 맞추며

집사람은 키 클 것 생각해
바지 단을 안으로 접어두었다

1년 동안,
단 1cm도 꺼내지 못하고 있다

어미 기대가
너무 컸던 걸까?

아들에게 마지막으로 사 준
이 교복을 볼 때마다
집사람의 부푼 기대에
웃음이 난다

첫 꿈

삼일이면 다시
입었던 옷 입고 오겠다던
제 살던 집

열흘 넘어
영정사진으로 휘이 돌며
떠난 그 집을

일 년 훌쩍 지나

지난밤 꿈
제 이름 적힌 부의 봉투
친정 오라비 손에 들려
찾아 왔다

부의 봉투 받고 화 난 내게
고운 웃음 지으며
화사한 공원 벤치 앉혀놓고

차분히 달래듯 말한다

"내가 죽었잖아"
그 소리 놀라
꿈에 통곡하던 울음

잠 깨도
멈추지 않는다

남겨진 일 년 뒤

갈라진 논바닥 같은 심장
오늘은 쿵쾅거린다

기억은
머리가 하지 않는 게 분명하다
박동 거셀수록
더욱 선명하게 살아나
인공호흡기처럼 날뛴다

멈추고 싶어도
멈출 수 없는 연명의 시간
뇌는 죽어가는데
마음은 놓지 말라 잡는다

그만 놓아주라,
부디 좋은 곳으로 가라고 했다
정말 정말 미안하다고, 미안하다고…

삐 삐 삐
삐

그녀는
기계 소리만 남기고 떠났다

심장은 기억을 되살리고
뇌는 망각 시키는 몸

사이를 서성이는 종족으로
나는 진화하고 있다

하얀 기억

덥수룩해진 숲 지나
조금씩 어둠에 말라가는
산그림자 긴 한숨 몰아쉰다

검은 등 뻐꾸기 살다 떠난 소나무
하얀 배설물 갈라진 속 파고들고
하늘은
텅 빈 집 창가 기웃거린다

작은 호스 따라 쏟아지던
한 생명의 전 생애가
줄지어
나오던 그날

노을 뿜어내던 태양도
어둠 속 몸을 던졌다

달빛 흐린 날이면

돌아누운 베개 사이

하얀 기억

파도처럼 몰아친다

묻히면 새싹은 나는데

홍건히 젖은 봄
알 수 없고
기다림 잊은 지 오래

켜켜이 쌓이는 기억 서성이다
오늘은
졸음 겨운 바람 붙잡고 물었다
지난해
네가 뿌린 씨앗 어떻게 되었는지
그리고
지금도 잘 살고 있는지

봄맞이꽃, 양지꽃, 제비꽃으로
살고 있노라 한다

궁색한 산비탈 구석,
바람이 뿌린 씨앗
땅속 한겨울 보내더니

싹 틔웠다

행여 바라본다
무덤 하나

치약

더 이상
그가 줄 수 있는 것은 없었다

그냥 보내 주어도
혼자 설 수 없을 만큼 야위고
초라해진 삶은 짧았다

칫솔 자루 움켜쥐고
날 선 힘 다해 밀어 올렸다

열반을 앞둔 그는
이미 붙어버린 뱃고래
훑어 올리는 칫솔을

꾸덕해진 목구멍 밖으로
칼이라 외치고 싶었을 것이다

밑에서 위로

마지막 남은 내장까지
오래된 습관처럼
훑어 파내어야만
직성이 풀렸나 보다

유독 버리는 것에
익숙지 못한 삶 속에도
모질었던 한 가지는
있었나 보다

한낮의 꿈

너를 만나기 위해
잠이 든다

때론, 잠을 자야만
꿈을 꾸는 것이 아니다

언제부터인가
문득, 잠든 꿈에서
낯선 길 하염없이 헤매다
유리병 모래처럼 다 빠져야만
누군가 손에 뒤집혀 깨어난다

가끔
스스로 깨지 못하는 날은
꿈속 누군가
밖으로 데리고 나온다

오늘도

꿈에서도 볼 수 없는 현실에
나뒹굴었다

잠에서 꾸는 꿈
눈 뜨면 깨어나듯
한낮에 꾸는 꿈
눈 감으면 깨어나리

확인

어둠 가득 채운 방에 누워
눈 크게 부릅떠
천정을 바라보았다

팔 곧게 뻗어
손을 폈다 오무렸다

다시
손가락 펼쳐 오무렸다
도무지
보이는 것도 잡히는 것도 없다

또
아무것도 없다는 것만 느꼈다

먹먹한
하루가 넘어가고 있다

상사화는 피는데

초여름
마흔여덟 잎은 지고

허망한 세월은
화석 같은 슬픔을 남겼다

상사화 피는 가을
마흔여덟 그리움은 부토되어
긴 침묵에 갇혔다

꽃이 피기 전
잎이 져

서로를 그리워하는 상사화
만날 수 없는 운명에
오늘은
내가 운다

얼음꽃 향기 날리는 날

흐릿한 뭉클거림,
눈물 게워 내는 너와 나
피가 통하지 않는
발걸음일지라도 떼어야 한다

어느 날부터
숲에는 바다가 범람하여
포말로 부서지지 못한
파도 일렁인다

하루살이, 하루 산 몫의 사랑
죽음으로도 끝나지 않는 오늘을 지나

언젠가
세월이 우쭐대기 위해
내 이마에 파 놓은 골 깊은 주름살
갈라 터지는 날

기억에 박힌 꽃들
오늘은 너처럼 시려도

또 먼 훗날
네게 가는 길 가득
향기 그윽한 들불처럼 피겠지

바닥 훑어
하늘 올라온 눈물
보석처럼 빛날 때

네가
좋아하는 마가렛 꽃등
줄지어 선 그 길
나도
걸을 수 있겠지

수다

눈 감으면
보고 싶은 것
더 잘 보이는 날 생기고
가만히
눈 감는 습관 생겼다

초라해진 이불 속
파고든 빗소리
반가운 마음에 내치지 않았더니
도무지 잠을 이룰 수 없다

뚜렷하게 기억하는 것과
희미한 추억
쉴 새 없이 재잘 거리고

아침 될 때까지
멈추지 않을 것 같다

행복했던 날들을 말하고
착하고 고운 얼굴 이야기한다

나는
슬며시 뒤돌아 누워버렸다

또 다른 수다

찌들고 고단했던 이들
또 만났다

종일 걸상에 앉았던,
자전거 타다 아찔했던 순간,
이곳저곳 다니며 꽃을 본…

밋밋했던 삶 부풀려진 이야기

늘 보이던 몇몇이
오지 않았다

소문에는
창틀 묵은 때 닦고
온몸이 시커멓게 변한 채
생을 마감했다 한다

몸은 불어 오르고

돌아가는 어지러움 참아도
낡아가는 것은 막을 수 없다

숨이 차오르고
몸 비틀리는 통증에도
떨칠 수 없는 궁금증 하나

구석진 자리
수줍게 들던 그녀
이제 볼 수 없는지?

낡아가는 세탁기가
그날처럼 돌아가고 있다

담쟁이 꽃으로 피다

그리움 길게 늘인
여윈 몸짓
엉켜 자라는 기둥에는

바람도
세월을 재촉하지 않는다

시간은 무심하고
하늘은
아직 아득하기만 한데

뜨거운 뙤약볕 달궈진
콘크리트 기둥 부여안고
그토록 여름을 버텨온 사랑

가을이 부스러지듯
말라가고 있다

꽃으로 살고팠던 욕망의 몫

가혹하다

가을앓이

기억하는 것은 작고
더 채울 수 없는 미련
비어버린 술잔 서성인다

하루를 썼다 지우고
또다시 쓴다

가을은
늘 추억 심어
미련했던 과거처럼 머물다
바람의 씨앗 같은 눈물 날린다

추억 앓는 푸른 하늘이 있다
시간은 하늘 향해 길어지고
병은 짙어진다

구름 가득한 가을 하늘
종일 쳐다보는 그 사람도

또 구름 같아
귀뚜리처럼 울었다

가을나무 기억

숨겨 올리던 곡기
끊고부터
나날이 푸석해진다

이제 익숙할 때도 되었는데,
발등에 쌓인 여름
옷걸이 남겨진 잠옷처럼
가지에 걸려
떠날 날 기다리고

뿌리는
한 곳으로만, 한 곳으로만
뻗는다

울어서 앙상해진 그리움,
홑이불처럼 가벼웠던 기억
바스락바스락
잠투정하듯 칭얼거린다

가을바람 차가워진 창가
흐린 달빛 어스름 서성이고
숲 그림자 뒤척인다

끝내
이루지 못한 소원 하나,
한 줄 달고 매달린 거미처럼
마디마디 글썽인다

부시시 일어나
별도 달도 껐다

독백

살기 위해
낙엽 떨구는 나무 아래
삶보다 죽음을
먼저 떠올리는 마음들

젖은 채 쓰러진 어둠을
찾는 그늘처럼

애써
아픈 기억 훑어
두 손 가득 넘치는 하나만
기억하는 눈물

휑한 시간 닫아걸고
스스로 웅크린 고독처럼
너도 나처럼
나도 너처럼

어제 같은 바람 불어도
달은 밝은데

우리의 가을은
다가서지 못하는 고라니처럼
벗어날 수 없는 외길인가?

겨울 독백

침묵 쌓인 겨울 들녘
쭉정이 같은 기억들 흩어져
너 같이나
허망한 인연 이야기한다

이별은
늘 끝이 아닌
다가설 수 없는 절망의 시작

떠난 사람보다
남은 이에게 더 가혹하다

또 너에게만 가는 하루가
다하지 못한 말들

저녁을 떠나는 그림자처럼
길게 다가선다

고독한 가을을 보내지 못한 탓에
내게 겨울이 왔다

겨울 숲 이야기

감출 것 없이
투명해진 겨울 숲

그물에 걸린 듯
바람처럼 흔들이고

홍조 물든 달빛 신음
조용히
창가 서성인다

너 살던 곳
손때 묻은 가구
함께 늙어가고

나 사는 곳
두고 간 옷들
시름겨운 밤 지새운다

속을 훤히 보여 주는 숲
품을 수 없는 바람
너처럼 다가와
머물 수 없는 나를 지난다

지금은
만날 수 없는 세월

소나무 전설 내리고

어느 날을 기억하기에
이리 기웃거리는가?

바람 핑계 삼아 휘청이듯 다가서고
뙤약볕 피하는 듯 스을쩍 스며들고
오늘은 비를 피해
내 방 어두운 창가를 흘깃흘깃

꽃향기 짙은 음력 다섯 시 이십칠 분
연두빛 그늘 떨어진 한 송이 꽃
별이 되어 땅속에 묻혔다는 전설
그대도 듣고 통곡하였던가?

네게 남은 천년의 세월도
내게 남은 초라한 세월도
우린 그 전설을 떠올리며 살아가리라

소리에 울림 없어도

우린 서로 알고 있다

너와 나, 언젠가
꽃보다 짙은 단풍나무 숲 지나
몽롱한 눈 내리는 세상 정점에서
사랑하다
사랑을 갈망하다
사랑을 기억하다
말라 죽는 고사목의 전설이 된다는 걸

비 내리는 날이면
내방 창가 산발한 소나무는
예언의 전설을 파도처럼 노래한다

첫눈을 기다리는 너에게

한 번쯤
내 발자국 소리에도
뒤 돌아 보고 싶은 골목
서성이는 기차 소리

살갑던 세월은
저 너머 작은 언덕으로 떠나가고,
갈라지고 또 갈라져야 하는
윤슬 같은 나도
시린 달빛에 일렁인다

또
볼 수 없는 여름 화단

다시
갈 수 없는 계절

손톱 위

봉숭아는 내리고

그대,
기다리던
첫눈
오지 않았다

스며드는 것

한 장 남은
달력 넘기듯

주름 잡힌
커튼 끝자락 끌어 닫는다

빛으로부터 벗어 난 자유를
어둠은
방관하지 않는다

떠난 너의 아픔보다
더 깊은
남겨진 나의 설움

네 눈물보다
더 글썽이는 내 그리움

창밖을

몰려드는 바람보다

너의 베개에
스민 바람이
더욱 시린 까닭이다

겨울 어느 날

다 묻어두고 떠나는 가을
부질없다 소리치는
바람처럼 들녘을 지났다

돌림병 앓듯 세월 툭 져버린 숲
흔적만 박제되어
굳은 살갗 파고들고
시린 발 동동거린다

푸르탱 언 달빛
호호 불던 눈물자국
서리처럼 남아 있다

조금 더 외롭고 허망해도 괜찮다

휘영청 능선 넘는 달
밤마다 움츠려 작아지고

가끔 잠 못 이루어
심장에 스산한 바람 일어도 괜찮다

하현달마저 몰락한 숲
돌아누운 세월
함께 늙어간다

매화, 휘파람새 그리고 나

살아서 맺지 못한 인연
전설마저 허망하다

휘파람새 찾아 올 날
기약 없고
망부석은 주저앉았다

분명,
달아난 게 틀림없다

한 마리 두 마리 세 마리...
어느 녀석이 달아났는지
도대체 알 수 없다

별 하나 별 둘 별 셋...
하늘만 쳐다보는 그녀도
별똥별로 사라진 녀석을
밤새워 찾으리라

새 서른셋 나 서른셋

새 마흔넷 나 마흔넷

새 백스물다섯…

죽어 매화로 핀 정인

새가 되어 찾아들던 전설

꽃으로도 만날 수 없다

겨우내 참았던 망울

견디다 못해 터져버린 향기 아래

오늘은 내가 서성이고

꽃이 져야 휘파람새 오는가

산벚나무 아래에는 바다가 있다

긴 겨울 망각시킨 봄
남루해지기 시작했다

가슴 철석이며 오만했던 꽃잎
하얀 거품 되어
바람을 피해 몰려다니고
포말로 사라지지 못한 파도
산벚나무 아래 일렁인다

목 꺾어 쳐다보던
사람들도
더 이상 올려보지 않는다

흩어진 잔상 미련처럼 쓸어 담는
무심을 득도한 눈길만 남아 있다

한때
화려하지 않았던 생명은 없었다

산벚나무 아래에는
바위에 부딪혀 죽지도 못한 파도들이
꽃으로 살다
포말로 사라지는 바다가 있다

조바심 채워 기다리다
나만
돌아 앓고 있다

체온

명자꽃 울타리 사이
어미 떠난 둥지

싸늘히 식은 세 개의 알
시린 색으로 남았다

하루, 이틀, 사흘
어미는 돌아오지 않는다

인적 빈번한 정원
부지런한 손길에
둥지 들키고

하얀 속살 들킨 새댁처럼
어미는 뛰쳐나갔다

간밤 세찬 비바람 속
알 세 개

새파래진 입술
햇살에 녹인다

체온 없는 따스함
오래 견딜 수 없으리라

사막에서 온 편지

갈라지고 부서져도
끝끝내
지켜 온 알알이
더는 부서지지 않는 모래알로 남아,
함께 있어도
결코 섞이지 않는 모습으로
밤이면
먼저 내 침대에 눕는다

가끔
나는 사막에서 잠이 든다

어쩌다
조각배 되는 꿈을 꾸는 날이면
사막에 이는 파도에
심한 멀미를 한다

바다로 뛰어드는 별들처럼

하늘로 떨어지는 모래알들이
유리병 안에
속절없이 쌓이는 날

별똥별 하나
조용히 내려온다

맺히면 쏟아진다

잠 깨면
십 년,
지나가길 빌었던 지난밤 창가는
아침까지 그대로 있었다

어제와 다름없는
장맛비
세상은 멈춘 듯 더디 가고
잎사귀들
바람을 연신 털어 낸다

햇살 그리운 창가
거미줄에 매달린 눈물
떨어진다

모른 척 쳐다보다
설움으로 터진다

눈으로도
담아 가지 못했던 애달픔
터져 버렸다

올 때를 알았던 장맛비 따라
갈 때를 몰랐던 그 사람
오고 있다

카라꽃 촛불처럼 피고

참 다행스러운 일이다
기온 떨어지고
네가 찾아온 것은

스산한 살갗 부비며
봄비 맞는다

참 다행스러운 일이다
해 지고
어둠 피어오른다는 것은

밤을 지새우면
새벽을 볼 수 있다

참 다행스러운 일이다
선잠 깨워주는 술 취한
친구의 전화

중년의 허전함
내 것만이 아니었다

잠 깨어
다시 잠들지 않은 깊은 밤

카라꽃 촛불처럼 피어나듯
너도 피어난다

너와 함께했던 시간
나 외롭지 않았다

참 다행스러운 일이다

이별을 지나서

잊겠다고 하는 말
잊지 않겠다는 아픈 마음이었다

사랑에 쓰러진 사람들은
겨울 떠난 동백나무 아래
헤어진 날들만큼 두둑을 쌓고
부스러진 그리움 몇 움큼 심었다

어제 같은 슬픔 먼저 피고
영원히 볼 수 없는 절망을 앓기 전
슬픔은 추억처럼 향기롭다

겨울바다 노을처럼 번지는 허무
은빛 강물 떠도는 외로움은 너였다

사랑받지 못해 울던 숱한 날들
내가 만든 슬픔에 늘 아팠던 나였다

사랑은
내가 만든 크기만큼 존재한다는 것을 알고부터
잃어버린 너의 슬픔 안을 수 있었다

더 울지 마라
네가 흘린 눈물
내 눈 가득 고여 있다

혹시 맞나요?

서산 낙조 설움
이슬처럼
핏빛 멍든 산모퉁이

행여 그대 맘인가

2부

깍꿍

분명
인간 세상 언어는 아니다

하늘 천사들이 쓰던
아주 기분 좋은 인사말이었으리라

사람으로 태어난 천사가
인간 세계 언어를 익히기 전,
인간과 소통하는 유일한 언어다

해석되지 않는 언어,
사람으로 태어난 그들만 알고 있다

자지러지는 웃음으로 화답한다

천사였던 기억 남아 있는 이들이 있다
그들에게
나는

그들의 언어로 인사한다

까꿍!

기억이 남아 있는 자들이여,
자지러지는 웃음으로 화답해 주오

기억의 손맛

봄은 왔는데,
식탁에는 봄 흔적이 없다

한때 이 식탁에도
봄이 오기 전
봄이 먼저 와 있었다

참 고맙고
감사한 날들이었다

봄이 기다려지는 것 중 하나,
향긋한 냉이 국을 먹을 수 있다는 것이
나나 아이들과 다르지 않다

주말농장 자란 냉이 몇 뿌리
먹어본 맛 떠올려
처음으로 냉이 국을 끓였다

늘 내가 만든 음식 평가
담당하고 있는 작은 녀석이 말한다
"와 ~~ 똑 같아요, 어머니께 더 고소하지만"

헐 !!! 이 시키 주지 말까 보다~~~

눈 오는 날

차가울 만큼
하얗게 맞는 것이다

막지도 말고
피하지도 말고
함께 덮히면 되는 것이다

소복이 쌓일수록
너와 나는 하나가 된다

아직 지탱하지 못할 만큼
많이 내리는 걸 본 적이 없다

뻥 뚫린 숲, 텅 빈 들녘에도
채워서 아름다울 만큼만 내린다

흐르는 강물, 꽁꽁 언 호수 위에도
녹아 흐르고 견딜 만큼만 내린다

햇살이 사라진 하루
세상을 환희 빛나게 하는 건
나도, 너와 함께 되기 때문이다

지금은 갈 수 없는 마을

할배 얼굴 주름처럼
오래된 집들
듬성듬성
동네를 이룬 마을

저녁이면
아궁이 가득 장작 물려
굴뚝마다
흰 명주실 한 타래
하늘에
길게 걸어놓는다

매일 밤
어둠이 내리면
제일 먼저
동구 밖 개천가 큰 나무들
무서운 소리로
외인 출입을 막고

마을 빗장을 채운다

여름내
해가 넘어갈 때까지
소들은 꼴을 먹고
마을을 무던하게 둘러싼 산에는
부엉이 밤새워 울고
불이 꺼지는
창호지 문틈마다 달빛 스며든다

초롱초롱
별빛을 걸어놓고
잠이 드는
마을 사람들은

간혹
웅성이며 지붕 위 지나는 바람들
이야기 들으며
잠이 든다

사라진다 해도

해가 뜨고

숲 근처 나무 위 뛰어놀던
작은 물방울을 시작으로
하나둘
모든 물방울은 하늘에 불려갔다

땅에서 가련했던 삶
그 마지막은 공허롭다

햇살의 유혹
잠시 영롱함

진종일 태양은
정수리 피까지 갈구하듯 유혹하고

모든 생명은
한 방울 핏물마저 제물로 바칠 듯

나른한 저항조차 하지 않는다

증발하는
그들은 알고 있다

그래야만
무지개가 핀다는 것을

도돌이표

검은 머리 빠르게
흰머리 느리게

꼬리 달고 짧게
꼬리 떼면 기이일게에에

간혹 쉬어 가며
어느 구간은 거꾸로 선 채로

어쩌다
다섯 개 선 벗어날 때면

서 있기조차 힘겨운
작은 디딤선 하나로
오선지 마디마디 건넜다

혼자서
때론 함께 지나온 그 길

못 갖춘 한마디 서러워
도돌이표 하나 그려 봅니다

무궁화 꽃이 피었습니다

가을 즈음 머물다 보면
그해 생긴 상처 몇 개
아물지 않은 채 굳어가고

나이 먹을수록
새 살 더디게 돋아나듯
느리게 느리게 망각 되는 기억

생살 도려진 자리
가을 서리 세월처럼 내리고

묻어둔 사연
돌무덤 하나씩

"무궁화 꽃이 피었습니다"
"무궁화 꽃이 피었습니다"

들키면 술래가 되어버릴 듯한

팽팽한 경직

숲을 샅샅이 뒤지는 바람
숨소리도 숨을 참고
가을은 창에 붙어
고라니 눈처럼 서성인다

그 경계에서
여름도, 나도

"무궁화 꽃이 피었습니다"
"무궁화 꽃이 피었습니다"

친구야 우리도

주렁주렁 향기 흘리던 아카시아 꽃이
튀밥 부스러기처럼
널브러진 모습 지금 보고 있어

언젠가, 나도 자네도
소주 몇 잔 쭉 들이키고
바닥 나뒹구는 한 톨 튀밥으로
변신해 있을지 몰라

돌돌 거리며 돌아가던
뜨거운 솥 안에서
뻥 소리 놀라
엉뚱한 곳으로 날아간 거지

아카시아 꽃 지는 5월이면
갑자기 터져 나오는 그리움
어쩔 수 없어
바닥 뒹굴며 속울음 참아야 될지 몰라

살아가다 보면
별거 아닌 순간도 아슬아슬
먼 하늘 외면하듯
손수건 한 장 찾게 될 거야

두 번 다시 볼 수 없다는 건
정말, 정말 슬픈 일이거든

걱정 말게 친구야

살아보니 그렇더군

감정은 옅어져
오래된 사진첩 같은 흔적만
한 권씩, 한 권씩 늘어 가더군

자네는 혹시 안 그렇던가
좋았던 기억 떠올려 그때 감정까지
긁어내 느껴보고 싶은데
절대 되지 않았던 적 없었는가?

가끔은 어쩔 수 없이
뜻하지 않던 슬픈 기억
돌발적으로 감정을 동반해서 오더군

뭐 그런 거야
갑자기 브레이크 밟아야 되는 순간과
비슷한 것 아니겠나

그리고 아무 일 없었던 듯
또 앞으로 가지 않는가

조금 화 나면
혼자 욕 한번 크게 하고

너무 놀라 눈물 몇 방울
찔끔 나오는 거야
어쩔 수 없는 것 아니겠는가?

사랑의 감정이 항상 똑같았다면
오래전 이미 난
심장이 터져 죽었을지 몰라

누구에게나 한번은 가슴 터질듯한
사랑의 순간 있지 않았겠나?

그 꼭짓점에서 얼마나 견딜 수 있을지

가끔 궁금하긴 하네

친구야
우리가 정작 함께 슬퍼해야 하는 것은
그 기억도 조금씩 사라진다는 것일세

지금 오래된 사진첩들을
보고 있을 뿐이네

구피와 나

이제
가쁜 숨조차 더디 쉰다

한 달 전부터 사각턱이 되고
아가미 조금씩 벌어지더니

어제부터
급기야 몸이 뒤집힌 채
가득 찬 하루를 잡고 있다

가장 먼저 한 마리 얻어 온
구피 어미의 생
저물어 가고 있다

모든 죽음은
외롭고 눈물겹다

생이 스스로 마감되기 전

건져낼 수 없는 아침

사각 아가미 턱을 가진
또 다른 녀석을 발견했다

나도 거울을 들고
살펴봤다

구피와 나
물속과 물 밖에서
서로
늙어가고 있다

바다 속 연가

지금쯤 바다속에서도
벚꽃 같은 꽃잎 떨어지겠지

바람 같은 사람들
주인이 된 산벚나무 숲

떨어진 꽃잎 아래
연두색 장막 치고
속살 허물어
작은 꽃들 숨겨 키운다

생명은 때로
가볍게 삶과 죽음을 결정하고
떼 지어 땅에 복종한다

산에서는 파도 소리 그립고
바다에선 꽃 그립던 사람

이제는
마냥 하늘만 바라본다

바닷속
바람 같은 파도가 불고
꽃잎은 하늘로 떨어진다

피우지 못한 꽃송이 하나
산으로도 닿지 못했던 하늘처럼
바다에 누웠다

궁평항

하루가 시들 무렵
꽃들의 영혼
궁평항 가득 채웠다

모든 생명은
스스로 색채를 지워
살아 있음을
뽐내지 않았다

측은한 생명이
가난한 어깨를 감싸고
노을은
하늘마저 범람하여

가지마다 바람도
어둠 깃 감싸던 새들도
꽃처럼 노을이 된다

궁평항에
꽃들의 영혼이 노을로 필 때면

바다로 가지 못한 바다도
하늘을 보고
바다에 갇힌 하늘도
노을을 본다

노을이 되지 못한
너만

어디 있는가?

어둠은 길지 않다

태양을 피해 떠난
지구 반대편 어둠이 돌아오고
사람들은
태양을 찬양하며 불을 켠다

사방 둘러싼 어둠을
저항하는 불빛

얼마 지나지 않아
하나둘씩 쓰러질 것이다

그들은 아침이 오기까지
어둠에 갇혀 죽은 척 위장을 하고
두려움 많은 이들은
더 깊은 죽음에 다가간다
죽음을 확인하는 어둠
온몸을 훑어 누른다

침묵해야 한다
스물스물 온몸 감겨 진
흉물스러움 견뎌야 한다

언제나
어둠이 지배하는 시간은
빛으로 존재하는 시간보다
길지 않다

별

어둠을 살라 먹는
불빛 가득 찬 도시
별은 견딜 수 없었다

밤은 더 이상
안식도, 회상의 시간도 아닌
잠을 잃은 어둠이었다

별이 사라진 도시
꿈은 살 수 없어 떠나고

별 하나하나
아름다운 말 붙이던
시인도

아침 이슬 내릴 때까지
별 헤던
연인도

보이지 않는 오늘

별 씨 하나
바람 쉬는 언덕에
심었다

이방인

저녁 불빛 사이
피곤을 이고 온 발자국
말이 없다

어둠 채우는 옥상
누군가
뿌려 놓은 별들 서성이고
이 도시 살았다던
나무꾼 이야기 떠올린다

불현듯
잊었던 기억

회상 속 나는
은하수 물결 따라
초승달 삿대 저으며
오로라를 보았다

오래전
이사를 오고 어느 날

동경하던 이 별에 산다는 건,
모두를
보지 못한다는 걸 알았다

늘 곁에 있으면
소중한 걸 몰랐던 과거와
부재에 시름겨운 현재
언젠가를 갈망하는 미래가
저절로 살아지는 날들 지나면

너처럼 나도
너에게 나도 간다

내가
시작된 그곳

고독

너를 본다
칸칸이 텅 빈 방 혼자 놓인 너

풀석이는 먼지처럼
너의 울음 방 안 가득 채우고
잃어버린 언어는 가고 없다

고립은 때로
부대낌보다 위안 주지만

어둠 짙어야 살 수 있는
시든 별빛처럼

네가 서 있는
길은 점점 소멸하고 있다

나는 본다

너의 깊은 바다
상실의 허무 삼키고
절망은 막힌 게 아니라
돌아서는 것이라 말한다

생과 사
떼어 놓을 수 없듯

너와 고독
하나인가

바람과 둥지

인연이 짧았던 만큼
계절마저 길지 않았던 세월
그저 덤덤히 바라보았다

오늘이 며칠인지?
알 수 없는 날들 이어지고
아름답게 계절 익어가던 한때의 공간
더듬어 본다

어제와 같은 오늘
오늘과 같은 내일들

바람 심하게 부는 날이면
흔들리는 제일 큰 나무 꼭대기
목이 꺾일 듯 쳐다본다

하늘 가득 바람이 지나고
앙상한 가지들 부대낄 때면

튼튼한 둥지를 짓기 위해
바람이 가장 심한 날
새들은 둥지를 만든다는 말
떠오른다

본 적 없지만
상상만으로 멋진 전설이 된다

바람이 가장 거세게 부는 날
새들은 둥지를 짓는다

누구나 한번은

오월의 숲
밤마다
이슬처럼 향기 내린다

죽을 듯한 슬픔
견뎌 온 밤도 있었는데

이 지독한 향기의 날들
한 달만 더 길어진다면
어느 밤 돌연
심장은 향기처럼 흩어지겠지

밤이 짧아지는 계절,
바람은 가고 없고
꽃잎 하나둘 지고 나면
밤 꼬박 지샐 나도 없다

시들어 너도 가고
덧없는 나도 가고

누구나 한 번쯤은
누군가의 처절한 그리움

꽃이 진 자리
별은 뜨고

까만 하늘에는
꽃향기 아득하다

스키드 마크

툭 불거진 삼백 미터
아스팔트 뚫은 검은 핏줄

이리 꿈틀 저리 꿈틀
내리막 중앙분리대 앞
검붉은 꽃으로 피었다

저 꽃 심은
이는 어디 갔을까

가슴 태우며
잠시 머물다
굴곡진 찰라 만개한
삶의 뒷모습 새겨진 구간

지나가던 뜨거운 햇살
시든 꽃 하나 박제한다

저 꽃 심어놓은
그는 어디 있을까

꺾인 나는
피는 걸까
말라가는 걸까

숲으로

떨어진 꽃잎
자욱한 길

한참 서서

발 디딜 곳
찾을 길 없어
돌아섭니다

꽃 얼룩
배인 채

그 산에는

몇 해 동안
도심 낮은 산

고립은 언제부터인가
새삼 고맙고 반갑다

작은 산
세상 사연 훑어 온 바람
골짜기 거슬러 하늘로 오른다

산은 산대로 나무를 키우고
나무는 나무대로 묻힌 생명 퍼 올려
하늘 닿으려 한다

산을 딛고 사는 생명들
저마다 하늘 바라보며
살아간다

땅으로 돌아가는
죽음의 순간마저
하늘을 바라본다

산에 있어도
하늘 더 가까운 산을 갈망하는
사람들이 살고 있다

오월의 숲속

한때,
산벚나무 아래 머물던
사람들 떠나고

가끔,
그늘 같은 추억 글썽여도
외롭지 않던 산에서
내려온 세상

이젠,
낯선 부대낌만 마주 선다

빼곡히 시가 새겨진
오월의 숲에서
한 줄의 시도 읽지 못한
하루 저물고

달빛 흔들던 이팝나무,
너 괜찮냐며 소리 지른다

제 색깔 잃은 숲
산에서도 하늘만 바라보는
너 없는 내가 있다

비 오는 날

뙤약볕 물러가자
그림자도 사라진다

하늘은
장막 같은 구름 깔아
땅과 하늘
경계를 지우고

흙냄새 묻혀온 비
숲으로 스며든다

나무에 걸쳐 둔
매미 옷 하나
두리번거리는 지빠귀
비를 듣는다

오늘은
지빠귀는 시를 쓰고

알몸으로 떠난 매미
숲 사이 들리는 울음

매미 옷에
여름이 떨어진다

죽부인과 아카시아

처음에는
반듯이 누워 잠든 줄
아니, 나도 내가
잠든 것처럼 속았다

돌아누워 마주 보고
다리 슬쩍 걸쳐보아도
허벅지 좀 더 가까이 올려도
무겁다 잔소리 않는다

그 사이 산속에서는
수컷들 난리가 났다

산새들 푸드덕푸드덕,
불 켜고 재 넘던 석양
오솔길 누워 울그락불그락,
그늘에 졸던 바람
수풀 사이 헐레벌떡

어둠을 깔기도 전
아카시아
하얀 속살 삐죽 드러내고
농익은 체향
분수처럼 뿜어내고 있다

달빛 날 선 밤
훔쳐보던 달빛도 물들고

너는 뭐하니?

기웃기웃 흘끔흘끔

달빛에 빼앗기고

무심하여
몇 촉 말라 죽인
난 화분

자책하며 물 주고
그늘에 두었다가
어스름 내릴 무렵
방으로 옮기다 멈칫

성급한 달빛
먼저 안고 있다

오늘 밤은
그대가 품으라

자네 닮은 달빛
정성 들여 점지하여

노오란 줄무늬 가득한

새 촉 몇 개만

틔워주오

제목 234쪽

떠난 미련인가
다시 온 설렘인가

밤이 깊어질수록
불쑥 들어 온 너로 인해
자는 것조차 힘이 든다

끈적이는 타액
온몸을 부비고
가만히 누운 나
송골송골 땀에 젖는다

저항할수록 몽롱해지고
움직일수록 뜨거워지는
너의 입김

새벽까지 멈추지 않는
그녀 광기 어린 탐욕

속삭이듯 귓불에 불던

너의 뜨거운 입김 타고

어느덧 들리는 귀뚜리 소리

너의 유혹에도

한 계절 끝끝내

무릎 꿇은 내 벗들의 젊음이여

매미울음

뜬눈으로 맞이한 새벽
스님은 온몸 휘둘러
두고 온 속세를 때렸다

단 한 번의 사랑
매미는 할복하듯
온 가슴 떨며 울었다

짧은 생의 절박함
목숨 걸고 죽을 듯 울어야 했다

생과 사를 넘나드는
저 아슬아슬한 노래

각시거미 한 마리
해먹 같은 거미줄에 누워
지루한 하품을 한다

사랑,
그 아릿한 날들의 노래

나도 바람 지나가는 길에 누워
매미를 본다

이대로
한세월 휘이 지나가도
억울하지 않을 듯하다

기억할수록
아픔이 되는 사랑

더 아플 것도 없는 삶이
아플 것이 두려워 망설이는
삶을 토닥인다

초록나무숲

저문 기억 머물던
여름 떠나길 망설인다

연두빛 자랑하던 봄날
굳은살 박힌 초록이 되었다

그 숲은
만날 수 없는 그리움이라도
지우려 않는다

허한 마음 늘인 사람
억척스런 삶 새긴 이들도
항상 너보다 힘들었던 나를
이야기하고
질긴 인연의 무용담 나눈다

그 숲에 쌓이는 사연은
왁자지껄 쏟아지다

끓기는 순간이 유난히 많다

그럴 때면
산까치도 숨을 멈춰 바라보았다

사연을 들어주던 초록 여름 떠나고
서리는 가을처럼 내린다

하늘 수채화

구름 없는 하늘에
걸려있는 파아란 계절

종이비행기 하나
코스모스 몇 송이
오솔길 시골 풍경
하나만 그려도
그림이 될 듯하다

손가락 하나 하늘로 펴
오른쪽엔 금성산
왼쪽엔 시골길 지나는 기차를 그리고
빨간 사과 매달린 과수원길 지나
하늘 비치는 작은 연못 위
작은 언덕을 그렸다

가을 지나던 고추잠자리 한 마리
손가락에 앉는다

가을비 숲속에서

어느 곳을 봐야 하나?

망설임 일어날 즈음
먹구름 몰려오고
하루는 일찍 문을 닫는다

길이 사라지고
나무가 사라지고
모든 것 사라지고

세월에 붙어있는 담쟁이처럼
나는
남겨진 어둠을 잡았다

때로는
거슬러 오르고 싶은 세월
가을을 묻혀 내리는 비
세상도 나처럼 오늘은 젖었다

한 계절 꼬박
이별을 떨구는 나무처럼
가을이 힘든 사람들

가을비 내리고
어딘가 쪼그려 앉았을 너처럼

서둘러 단풍 든 잎들
하나둘 떨어진다

짧은 생 마지막도
다 채우지 못한 삶들 쌓여가고
나도 쌓인 낙엽 하나 되었다

유리창을 닦으며

켜켜이 쌓이는 회한
끊을 수 없기에 스스로 가두어버린
세월 흔적

흐려지는 바깥세상
보이는 것마다
딱정이 생겨나고

계절 비껴가듯
산그림자
걸음 멈춰 선다

서쪽 하늘에는

달하나 나하나
달하나 나둘
달하나 나셋…

초승달 하나에
마음 하나

달지기는 오늘 밤
초승달 하나
걸어놓고 떠나갔다

지금도
그 섬에는
등대지기가 있을까?

달무리

다가설 수 없는
절망의 경계선

때로는
어둠이 아닌
빛으로 존재한다

그렁그렁 서성이다
눈같이 내린 서리처럼
하얗게 밤 지새우는
겨울새 한 마리

시작과 끝,
어느 한쪽을 포기하지 않으면
마디마디 끊어질 듯
앙칼진 바람 불어도
새벽을 기다리는
별들의 입김

호호 정겹다

잠으로
다 채울 수 없는 기이인 밤

겨울밤에는
여백 넉넉한
달무리 진다

바람에 달 부서지고

아직 봄이 들지 않은 숲
낡은 시계 속 뻐꾸기처럼
힘겨운 울음 고이고
그림자 하나 갖지 못한 태양
슬픈 색깔로 저문다

하루하루 버텨온 밤
보름달 기울고
나날이
심장은 식은땀에 허우적거리고
막힌 듯 온몸 저리다

빈 마음의 날들
앓고 있다

새벽이 두려운 눈꺼풀
핏물 같은 눈물 우려내고야
선잠 재워 밤을 닫는다

작은 언덕
달이 떠 있다

쟁반같이 둥글어도
눈썹만큼 남았어도
밤의 심장은 달

바람에 깎인 조각 달
별이 된다

눈썹달 뜬 밤이면
먼 산 너머 유난히
부서진 달 많이 떨어지고

잠든 내 눈에도
별똥별 하나 잠겨 든다

가을 자폐증

살그락 살그락
보름 지난 가을 밤하늘
잎 떨구는 나무처럼
보름달은 매일 밤
스스로 깎아내고 있다

가을에는
자폐도 주저하지 않고
저마다 흩어져
낙엽처럼 뒹군다

지금
살아 숨 쉬는 생명도

한때
존재했던 생명도

하늘을 본다

가을밤

사랑이 아픈 너를 위해

깎인 달은 별이 된다

겨울아침 창가에서

하루를 여는 의식처럼
눈 쌓인 뒤뜰 창문을 열었다

순간
밤새도록 함께했던 침묵들
앞다투어 빠져나가고

추위에 떨던 바람
파도처럼 밀고 들어온다

스스로 있어야 할 곳
일탈하려던 욕망이 빚어낸
참극이었다

침묵은
광란의 질주하는
소음에 짓눌려 죽고

바람은 벽에 부딪혀
삶이 끊겼다

겨울 아침 시끌벅쩍
뒤뜰 새들과 나무들 이야기한다

둘은 서로 동경하며
밤을 꼬박 새웠다 한다

이 참극의 현장에서
나는 천천히 커피를 마신다

빙하의 시대 꿈꾸며

첫눈 내리고
산골짝은
시베리아를 거쳐 온 바람에
밤새 쿨럭이던
마른 잎마저 떨어져

어제 같은 가지
서성이는
가을은 없다

능선을 피해
골짝으로 스며든 눈들
길게 늘어선 잔설로 남아

아득히 먼 옛날

꽃도 얼음으로 피어나고
태양도 굴복하며 연명하던
순백의 시대를 회상한다

어떠세요?

누릴 수 있었던
아주 작은 행복
내일로 미뤄버린 것들이
아쉬움으로 남습니다

티비 함께 보다
맥주 마시는 드라마 장면 보며
갈까 말까 망설이다
내일 가자 미루고

풍경 좋은 영상
이번 주 갈까 말까 또 망설이다
다음으로 미룬
영원히 함께 갈 수 없는 지금

미뤄 놓은 많은 것
돌덩이 얹어 놓은 양
무겁게 느껴집니다

누구나 그렇다고
치부하면 그만이지만

세월 지나 쌓여도
견딜 수 있을 만큼의 양만
남겨 놓길 바랍니다

내일을 위해
미래를 위해

지금 누릴 수 있는
작은 행복 포기 마세요

내일은 영원히 오지 않는
오늘입니다

너와 나의 시

나는 썼다
한 번의 사랑을 위해
목숨 거는 매미처럼
짧은 생의 떨림

바람이 묻고
햇살이 묻는 그 자리
정열의 불꽃
너는 이어 주었다

우리는 서로 다른 언어,
한 줄의 시로 마주 앉았다

너는 나에게 거울이었고
나는 너에게 기억이었다

그것은
누구의 것도 아니었다

오직 우리 둘
잠시 머물다 남긴 흔적

시는 시인이 쓰는 것이 아니라
사람과 사람이,
더러는 바람과 나무,
꽃과 햇살,
너와 추억이 함께 써 내려가는
또 다른 생의 고백이었다

헌 운동화

바람이 묻는다
나처럼 자유로웠냐고

햇살이 또 묻는다
나처럼 따뜻했었냐고

불꽃은 뜨거운 언어로
온몸을 다 태운 적 있었냐 물었다

대답하지 못한 채
스스로 가두고 숨었던 나는
더 웅크렸다

이제 고백한다
나는 바람을 닮고 싶었고
햇살을 품고 싶었으며
불꽃처럼 살고 싶었다

끝내 남은 건
바람에 흔들리는 그림자
햇살 바랜 고독
꺼져가는 불빛

한 짝을 잃어버린
운동화 하나
길을 묻는다

잔상

눈으로 옮겨

마음에 담는다

한 며칠

눈 감고 살아도

세상은 아름답다

낙하

바다 곁에 살아본 적 없는
나는
깊은 물 속으로 가라앉는 법을
배우지 못했다

깊은 바닷속에는
고요한 평온의 시간만
있길 바라며
산으로 간다

산맥 가장 높은 산봉우리를 찾아
부유하는 기억을 두고
깊은 바닥으로 낙하한다

수면을 헤치고
별처럼 빛나던 돌고래는

늘
절망 아닌 희망이었다

이제
생의 마지막을 흘리는
너의 눈물처럼
깊은 바닥으로 나를 보낸다

3부

너는 다시 찾아왔다

떠난 너의 그리움
네가 살던 빈집을 찾아왔다

너의 슬픔
접히지 못한 채
빨래걸이 서성이는 마른 옷을 개고

너의 애달픔은
큰아들 좋아하는
된장찌개 끓여 놓았다

너의 아쉬움은
사놓고 한 번도 입지 못한 옷
조심스레 입어 보았다

너의 눈물은
작은아들 방에 놓인
"어머니 그리움 사무쳐"

손 편지 앞

끝내
주저앉았다

못자국

어제를 거슬러 올라간 연어
사랑 때문에
아름다웠다고 말하지 않고

나의 가장 맑은 날들은
너의 그림자처럼 깊었다

내게 남겨진
너의 외로움은
삶이 끝나지 않는 마지막

손톱 물들인 모든 시간
봉숭아 흔적같이 남겨진
너의 눈물
사라지는 날까지
삶을 다 태운 사랑

재 속을 떠도는 별처럼
너 같이나
눈물 흘리는 빛으로 남았다

슬픔도 없다
두려움도 없다

제 몸보다 작게 부피를 줄인
정오의 그림자처럼
조용한 마음이라 말한다

빈자리는 없다

사랑에 밀려 떠났던 원망
한해 한번 밖에 오지 않는
가을이 오자
다시 찾아왔다

하늘에 걸린 하늘 외면하듯
땅에 놓인 땅만 보고
사람들은
하늘 닿은 머리 끌며
지나간다

가을 공원 벤치 위
그리움
설익어 바닥 뒹구는 단풍처럼
어깨 들썩이고
곁에 그를 달래주는 외로움
토닥이며 앉아 있다

차마 못 본채
지나갈 수 없는 나도
곁에 조용히 앉았다

무심한 바람은
쉬지 않고 낙엽 떨구고

그리움 하나 가운데 두고
외로움과 눈물
나란히 앉아있다

선물 받은 두 개 커피잔

두 개 기억이 놓였다
한 잔은 내 앞
다른 잔은 마주 앉은 공허 앞

한잔에만 떠도는 잿빛 수증기,
내 잔 아래 어둠은
공허 앞 놓인 잔 다독이고
너 없는 시간
증발하는 나만 남겼다

얼마나 지났을까?
또 얼마나 너는 울었을까?
지금은 하루 쌓이는 날만큼
멀어지는 세월
다시 하루 쌓이는 날만큼
가까워지는 그날은 어느 날일까?

우리 사이 거리

침묵은 기록한다

시간이 흐르고
나는 마주 앉은 너를 더듬지만
아무도 없다

텅 빈 잔 속
오래전 흘러간 말들 떠돌고
나는 붙잡는다

잡히지 않은 외로움,
한 잔 비우면
또 다른 잔에 남아

커피는 잔 속 헤매며
너 없는 순간
빈 잔의 공허
내 안에 들였다

슬픔이 아는 진실

네게 내 삶 마지막은
이토록 부끄러웠던가

단 한 번 짧은 입맞춤
그리고 몸은 타들어 갔다

기다림으로 채워진 삶 속
뽑혀 온 나
그가 보여 준 3분 남짓한
사랑이 전부였다

타올랐던 한때를
인간들의 마지막처럼
화장 의식 갖추어 주는 줄 알았다

태어나며 하얀 수의 입은 나
재 되어 몸은 흩어지고
남은 뼈 위

그의 타액만 남았다

이제 순서처럼
내게도 가야 될 곳 있었다

그러나
더 구겨질 줄 몰랐다

돌돌 말려 갈라진 틈
박힐 줄 몰랐다

두리번거리며 보내던
남겨진 부끄러움 누구인가

시인을 경계하라

시인이 라면 끓이며
시를 쓴다

"이미 몸을 말아
뜨거운 기름 뒤집어쓰고
바싹 마른 채 내게 온

그런 그를
분질러 넣는다는 것은
죄를 짓는 일이다

물은 끓고 있고
열기는 파도처럼 밀려와
기다림에 경직된 그의 몸
서서히 풀리기 시작한다

쑥을 구해 줄 수 없어
파 넣어주고

거칠어진 그의 얼굴에
계란도 풀어준다

향 짙어진 물결
조용히 그 어깨 덮고
마지막 숨 고르는 듯
부드럽게 몸 감싼다

태어나며 바싹 말라야 했던 삶
누군가의 허기 달래주기 위해 지친

그의 몸 서서히 풀리며
이제 기다림도 녹아 흘러간다

젓가락 다가오는 것을
그는 쳐다보고

끝까지 잘림 없길 바라며
다가오는 이빨 묵묵히 맞는다"

뇌졸중

갑작스런 태풍에 쓰러졌다

의지와 상관없이
무거운 몸으로
작은 너에게 기대선 채
생을 잇는다

반쯤 뽑힌 뿌리
무력하게 흙을 움켜쥘 뿐
어찌할 수 없는 현실
당황스럽기만 하다

부러진 팔
간신히 땅속 움켜쥔 한 손
기우는 몸 지탱하려 애쓰지만

바람은 점점
너의 푸른 어깨에

이미 짐이 된 나를 밀어내고
밀어낼 수 없는 넌
그 자리 버티고 받아준다

이대로 살아간다는 것
너의 희생으로 연명하는 삶

나는 너의 성장을 붙잡고
언젠가 너마저 쓰러뜨리리

너의 헌신은 나의 꺼져가는 삶 연장시키고
이것은 원치 않았던 공존

짐이 되면서 기댈 수밖에 없는 나는
너에게 힘겨운 시련의 존재

이제 나는
자랑스럽던 잎들 떨어뜨려

네게 더 많은 햇볕 스며들게 한다
내 몸 받쳐주지 못하고
허공 허우적거리는 팔
자르듯 말리고

수치스럽게 알몸 드러낸
발마저 버렸다

한 모금씩 체액은 사라지고
마지막 실같이 가늘어진 팔 하나
차마 떨쳐낼 수 없는 잎들
움켜쥐고 있다

작은 나무는
온몸 흔들며 천둥같이 외친다

"버텨 달라, 쓰러지지 말라"

앙상해진 뿌리에

실핏줄 같은 새뿌리 돋아난다

요양병원

오래된 일기장들이 누워있다
머지않은 여행 기다리는
대합실 손님들처럼

빈 공간처럼 깊어진 두 눈
살아온 날들 풀려나오고
하루가 갈수록
끝없는 은하처럼 깊어진다

복도는 살아온 날처럼 짧고
침대는 바늘처럼 뼈 속 파고드는데
갈라진 굳은살 사이 스치는
바람은 아프기만 하다

망각 가득 찬 약병 움켜쥔 손
시간은 시계 속 모래처럼 빠지고
승차권 잡지 않으려 버티던 주먹
서서히 풀려간다

창밖의 낮과 밤
서로 무심하게 바라보고
끝은 늘 허망했다

또 다른 세상으로
향하는 문 있다지만
여전히 알 수 없는
그 길에 놓인 항아리 하나

시간의 무게 속,
혼자의 침묵 담아
하나둘
떠나가는 승객들

길었던 기다림
찰나에 불과했다

여의도 탁란

의심했어야 했다

먹이 주는 어미
작은 몸뚱이 봤을 때
의심했어야 했다

몇 번 기회가 있었다

다리 힘 올랐을 무렵
둥지 밖으로 뛰어봤어야 했다

깃털 나기 전
창공을 날았어야 했다

등허리 힘 생기기 전
커져가는 몸집 던졌어야 했다

목구멍 가득 넘어가는
유혹 덩어리 앞
입 벌리지 말았어야 했다

날갯죽지 터지도록 펼쳐
십자가 땅에 꽂듯
다리를 곧추었다

하나씩 하나씩
실어 밀어낸
생명의 흔적
등짝 가득 남아있다

억겁의 윤회 자욱한
노래 아닌 곡을 해야 하는 숙명

끊어야 한다

프록시마 센타우리

사랑을 두고 떠난 사람은
모두 별이 된다

바다보다 깊어진 밤하늘
어딘가 뿌리 내렸을
너는 어느 별인가

꺼져가는 화로
마지막 불씨처럼
흔들리는 붉은 불빛 하나

태양보다 작은 속삭임
4년을 달려 내 눈에 닿는다
별빛은 과거의 잔상
손끝은 끝내 닿지 못한다

지금 존재를 알 수 없는 별은
나를 기다리지 않겠다 하고

형체 없는 기억은 안기고
겨울 아침 안개 속 온기처럼
숨어 있는 희망 스며든다

그 빛을 따라
허상의 순서를 걸으며
소멸하는 나는
기다려 왔음을 고백한다

너는 이제
나를 기다리지 않는가?

공존을 위한 설득

서로를 잃으며
하나가 된다

사라짐은
부재가 아니었다

너의 이름 불러도
돌아오지 않는 저녁
내 목소리로
너는 울었다

무너질 때마다
돌이 되어 받쳐주는 너
울음 삼키며
강물 되어 흘러갔다

꽃잎 떨어져
열매가 맺히고

눈발만 날려도
강물 불어나듯

우리의 잃음 또한
순환의 이름이었다

나는 나를 잃었고
너는 너를 잃었으나

그 속에서 우리는
더 깊은 하나가 된다

단촌역

지금을 떠나려는
어린 설렘
박물관처럼 쌓인 폐역을 향해
밤을 달렸다

무인 카페가 된 간이역
추억은 낯선 나라 첫눈처럼
흐려지는 역 간판
지우고 있었다

끝내 떠나버린 너와
다시 돌아올 나를 기다리며
누군가 놓아둔 커피잔들
세월 벽을 버티고 있었다

마지막 한 발을 내딛지 못하고
망설이는 그림자

박공지붕 위 떨어진 어둠
그날과 다름없는 별을 부르고

어제가 흘려놓은 말들
시냇물 떠가는 종이배

철로처럼 흘러갔다

다정했던 한때 기억
오늘을 적시며
또 한 발을 돌아서지 못하게 잡는다

평행선만 남겨진 철로
별들이 참새처럼 졸졸이 앉아
더는 울지 않는 기적소리처럼 졸고

한 줄은 떠남
또 한 줄은 머묾을 갈랐다

끝내 들어서지 못한

너의 흔적만

빈자리처럼 울었다

핸드폰 없던 시절

약속은 길 위에 놓여
골목과 건물
그 모든 사이사이 흩어진 채
걸려 오지 않는
공중전화 바라보았다

그 줄에 걸린 나도
길 위 흩어놓은
또 하나 번호였다

시간은 나와 함께 걷고
바람은 오지 않는 이름
목이 쉬도록 기다렸다

초조함은 불빛처럼 켜지고
원망은 빌딩처럼 어두워지는
그 길 위
기다리는 법을 배웠다

바퀴 끌며 지나는 폐지처럼
약속은 실려 가고
존재 지우는 가로수

오지 않는 시간만큼
깎인 달이 떴다

동동거리던 시간
아린 마음이 그리운 오늘

나는 그런 사랑 그리워
핸드폰 두고
잠실역 사거리 서성인다

동쪽을 걷는다

그리운 사람 동쪽으로 가고
동쪽을
서성이는 내가 생겼다

태초부터
동해 바다에서만 뜨는 해를
늘 뜨기 전부터 바라본다

나를 기다리는
오로라가 있을 것만 같아
히스테리아 시베리아나 걸린
농부들처럼
나는 동쪽으로, 동쪽으로
걷는다

그 길 끝 걸쳐있는
두고 온 마음 하나

동해를 지난
어느 섬 잠시 멈춰섰다

동해를 건너온
내일은
서쪽 하늘에서
찬란한 태양 솟아오르리

서쪽에서 뜨는 태양 마주 보며
나는 시베리아 농부 되어
집으로 간다

하롱베이 크루즈

하늘에 뜬 달
물 위에 뜬 배
나는 물 위 서서 달을 본다

오늘 밤
침묵은 서럽지 않다

산 떠난 달
제 몸 밝혀 길을 가고

하루 산 몫의 피로를 뱉어내는 뱃고동
어둠을 파고든다

달은 또
억만년 살아가고

바다로
떨어지는 별빛처럼

소멸되는 나도

어둠이 있어
잠시 빛날 수 있었다

오늘 밤 바다는
파도를 부르지 않았다

너는 외로움을 행복으로 읽어

오늘 나의 외로움은
번잡한 시장에 쪼그려 앉아 있다

호박잎, 깻잎, 고구마 줄기 몇 무더기
앞에 두고 앉은 주름진 외로움이
나를 바라보고
나는 그녀의 쓸쓸함을 피한다

사이를 지나는
발자국들 무심하고
머리 위를 지나는 시선들은
미래에만 사는 사람들처럼
하늘로만 다닌다

이 길에서는
내가 가장 외롭고
그다음
주름진 저 외로움이 두 번째

그다음
내게 오는 모르는 저 사람이 세 번째
그다음은
순서 바꿔가며 오고 간다

외로움도 동심원을 그리고
한가운데 내가 있다

슬그머니 외로움 대신
너의 얼굴 넣었다

빗장

기다림,
밖에서 누군가 열어 줄 때까지

외로움,
안에서 스스로 풀 때까지

대문을 마주보는
나는 어디에
서 있는가

아픔을 쓰는 법

꽃 피는 계절 일지라도
통증 없는 아픔은
상처 없이 뒹구는 알밤처럼
화로 위에서
빠짐없이 터지고 말았다

첫눈 오는 날에도
상실 없이 다가서는 슬픔
본 적이 없다

슬픈 언어는 고이면 흘러넘치는
옹달샘이었다

나의 가장 진한 눈물조차
너에겐 그저
잠시 견딜 수 있는 배설물처럼
피하고 싶은 언어였다

전할 수 없는 것
말로 할 수 없는 것이다

나도 모르게 흘리는 치매처럼
당혹스러운 언어들
아파도 써 놓아야 한다

나를 잊고
너를 잊고
그리고 모든 걸 잊고

텅 빈 마음에서
올라오는 마음들
순서대로 쓰는 거야

암벽에 새겨진
선사시대 벽화처럼

먼 훗날
어렴풋 알 수 있을 만큼
불씨 같은 기호로 쓰는 거야

해설

간절함으로 담아낸 회상과 그리움의 시학
김열수의 시세계

유성호(문학평론가·한양대학교 국문과 교수)

1. 아득하고 애잔하게 다가오는 시간 경험

서정시는 시인 스스로 지나온 시간을 기억하고 되살피는 회상과 고백의 성격을 확연한 원리로 삼는 언어예술이다. 우리가 서정시의 존재 이유를 자기 확인 과정에서 찾으려고 하는 것도 이러한 맥락 때문이다. 이처럼 회상과 고백이라는 서정시의 원초적 원리는 한편으로는 자신에게 몰입하려는 구심의 원리로 나타나고 한편으로는 더 넓은 세계로 나아가려는 원심의 원리로 출현한다. 물론 서정시는 시인 스스로의 삶에 대한 기억을 재구성함으로써 자기 탐구의 속성을 강화하고 또 확산해가는 일관된 기율을 견지한다. 지나온 시간에 대한 과장과 미화보다는 삶에 남은 흔적을 추스르고 견디는 방향에서 발화가 이루어진다면 회상과 고백의 속성은 더욱 강화되게 마련일 것이다.

김열수 시인의 『나도 빈집에 남은 낙타였다』(도화, 2025)는 시인 자신이 거쳐온 시간을 통해 서정시의 제일원리를 충족하고 있는 시집이다. 이때 시인 자신이 거쳐온 시간이란 물리적 시간 자체가 아니라 시인의 내적 요구에 의해 새롭게 구성된 미학적 시간일 것이다. 결국 시인이 기억 속에서 회상하는 모든 시간은 마음속에 보존되어 남아 있는 미학적 구성물인 셈이다. 김열수 시인은 이러한 기억을 낱낱으로 호출하여 우리에게

재차 경험시켜줌으로써 소멸해가는 시간에 대한 매혹적 순간을 선사해준다. 물론 그것은 시인 스스로에게는 시간의 흐름을 추억하는 형질이 되어주고 우리에게는 아득하고 애잔하게 다가오는 시간 경험으로 잔잔하게 전달된다. 이제 그 아름다운 미학적 시간의 세계 안으로 한 걸음씩 천천히 들어가 보도록 하자.

2. 상실감을 넘어 그리움의 한복판으로

이번 시집에서 김열수 시인이 노래하는 가장 우선적이고 원초적인 음역音域은 사랑하는 대상을 향한 상실감과 그리움의 순간에서 발원하고 있다. 이로써 우리는 김열수의 시편이 회상과 고백의 언어를 통해 가장 근원적인 삶의 순간을 표현해가는 서정의 식솔들임을 깨닫게 된다. 특별히 이번 시집에는 잔잔한 떨림과 울림이 리듬감 있게 녹아 있고 소중한 이들과 함께 했던 오래고도 진중한 삶의 무게가 담겨 있는데, 사랑하는 아내와의 사별死別이 가장 중요한 마디가 되어주고 있다. 아내를 떠나보낸 이 가혹한 경험이 김열수 시의 중요한 존재론적 뼈대로 나타나고 있는 것이다. 이때 우리는 그의 언어 속에서 근원적이고 원형적인 삶과 죽음의 보편성을 발견하게 되고, 아내의 죽음을 안아들이는 그의 방식이 존재의 기원과 궁극에 대한 호소로 이어지는 과정에 동참하게 된다. 그렇게 상실감과 그리움의 순간을 담아내는 그의 목소리와 필치를 통해 우리는 가장 진정성 있는 '시인 김열수'를 만나게 된다. 물론 시인이 노래하는 상실감과 그리움은 서정시가 지켜온 보편적 원리이고 인간의 존재 방식을 그려내는 일반적 방식이라고 해도 틀리지 않을 것이다. 그러나 김열수의 시는 지난날을 호명하면서도 그 순간을 통해 사랑의 문법을 각별하게 키워간다는 점에서 주목할 만하다. 과거의 평면적 재현에 그치는 것이 아니라 시인 스스로의 현재적 지향을 반영한 재구성의 원리로 나아간다는 점 역시 그만의 회상 과정이 가지는 장처長處가 되고도 남음이 있다. 먼저 다음 시편을 한번 읽어보자.

    동공 풀린 눈으로
    두 아들 모습 담아
    먼 길 떠난 어미

    두 아들은 그 어미를
    뙤약볕 아래 묻어놓고
    내내 울었습니다

    어미의 죽음으로 시작된 초여름
    아이는 자라고

> 그 어미가 챙겨주고 간 교복은
> 작아졌습니다
>
> 뇌사 3일째… 아이는
> "어머니 좋은 꿈 꾸세요" 인사하다 화들짝
> 좋은 꿈 꾸면 안 된다며,
>
> 좋은 꿈 꾸면
> 안 깨어날지 모른다며 울었다
>
> 뇌사상태 어미의 꿈마저
> 염려하던 작은애 가을 교복을 다립니다
> ―「회상」 전문

'회상回想'이라는 제목 아래 시인은 아내가 남겨놓은 빈 자리를 형상화하고 있다. 먼 길을 떠나며 아내는 마지막 눈망울에 "두 아들 모습"을 담았다. 두 아들은 볕 잘 든 초여름에 엄마를 묻고 내내 울었다. 그래도 세월은 무심하여 아이들은 자라고 어느새 엄마가 챙겨주던 아이의 교복이 점점 작아지는 것이 아닌가. 엄마의 마지막 순간에 아이가 "어머니 좋은 꿈 꾸세요"라고 인사하려다가 좋은 꿈을 꾸면 깨어나지 못하실 것 같아 그러지 못하고 울기만 했다는 장면은 두고두고 기억할 만하다. 그렇게 "어미의 꿈마저/염려하던 작은애 가을 교복"을 다리는 시인의 품과 격이 애잔한 '회상' 속에서 가득 번져오고 있다. 가족의 슬픔을 전하면서도 여전히 남은 이들의 삶에 이어지고 있는 아내 혹은 엄마의 온기 또한 잘 전해지고 있다. 이처럼 김열수 시인은 "서로를 그리워하는 상사화/만날 수 없는 운명"(「상사화는 피는데」)에도 불구하고 떠나간 아내를 향한 지극한 사부곡思婦曲을 애틋하게 불러본다. "네가 올 수 없듯/지금은 내가 갈 수 없는 세월"(「천국에는 그리움이 없어야 된다」)을 지키면서도 "아들에게 마지막으로 사준/이 교복을 볼 때마다"(「교복」) 그러한 시간을 홀로 가꾸어가고 있는 것이다. 다음은 어떠한가.

꽃이 진 자리
꽃은 다시 피고

해가 진 자리
보름달 깎여 초승달 뜨던 밤

어미가 좋아하는 마가렛 꽃 몇 송이
눈에 담아 꽂아주던 큰아이의 첫 휴가

나흘간, 그 설렘의 나날 동안
혼자 일어나 밥을 차려 먹으며
빈집을 지키던 아이는
그렇게
또 혼자 그 빈집을 떠났다

사막 같은 휴가
끝내고 복귀하던 밤

어미가 진 빈방에 놓여있는
입고 벗어 놓은 옷가지들은
아이가 휴가 동안 느꼈을
감정의 덩어리처럼
덩그라니 뒹굴고 있다

바람이 진 하늘엔
파도 소리 요란하고

주인을 떠나보낸
큰 아이의 침대는
베개 하나 올려놓고
알몸으로 밤을 지샌다
―「첫 휴가」 전문

  여기서 "꽃이 진 자리"나 "해가 진 자리"는 모두 아내가 남겨놓은 어떤 자취를 음유하는 것일 터이다. 그곳에도 여전히 꽃은 다시 피고 달은 뜬다. 엄마가 좋아하는 꽃 "마가렛 몇 송이"를 눈에 담아주며 떠나보냈던 큰아이는 입대 이후 첫 나흘간의 휴가를 나왔다. 설렘을 가득 담은 휴가 기간에 "빈집을 지키던 아이"는 또 혼자 그 빈집을 데리고 떠난다. 엄마가 없으니 빈집이 되어버린 곳에서 "사막 같은 휴가"가 끝나자 "어미가 진 빈방"에는 아이가 벗어 놓은 옷들이 엄마를 향한 "감정의 덩어리"처럼 남았다. "주인을 떠나보낸/큰 아이의 침대"도 알몸으로 밤을 새우듯, 큰아이의 첫 휴가는 그렇게 엄마가 떠난 빈집을 강렬하게 경험케 해주었다. 사랑하는 이의 부재와 그로 인한 빈 자리는 '시인 김열수'의 실존적 조건이자 모든 가족의 변화된 상황이었던 셈이다. 그러한 시간 속에서 시인은 "사랑을 두고 떠난 사람은/모두 별"(「프록시마 센타우리」)이 되었고 이제는 "네 눈물보다/더 글썽이는 내 그리움"(「스며드는 것」)을 경험하면서 살아가고 있다.

대체로 '회상'이란 서정시가 드러내는 시간예술로서의 원초적이고 궁극적인 성격을 암시하면서 인간의 오랜 존재론을 유추하게끔 해준다. 서정시 안에서 시간이란 대부분 회상의 형태로만 존재하는데, 그만큼 회상은 서정시가 지켜온 고전적 기율이며 시간을 재현하는 데 중요한 기능을 부여해온 경험적 방법론이기도 하다. 김열수 시인은 고유한 회상 방식을 통해 자신을 있게 해준 기원들을 탐구해가는데, 그러한 근원적 사유와 감각으로 그는 자신의 아내와 가족을 보살피고 스스로를 또한 지켜간다. 자신이 살아온 생애를 돌아보는 마음까지 꼭꼭 눌러 담으면서 그의 시편들은 만만찮은 세월을 함께해온 이들의 서사를 생성하고 보편화해간다. 그렇게 그가 부르는 노래는 상실감을 넘어 그리움의 한복판으로 천천히 가닿게 된다.

3. 꿈과 현실의 접점에서 노래하는 삶의 궁극적 이치

김열수는 삶과 죽음, 빛과 어둠, 생성과 소멸 같은 것들을 한 몸으로 묶어내면서 사물과 운동을 규율하는 복합성을 우리에게 선사해주는 시인이다. 사물들의 반짝이는 아우라(Aura)를 드러내면서도 그것을 삶의 지극한 형상으로 승화시켜 사물과 내면 혹은 현실과 기원(origin)의 접점을 암시해간다. 그때 김열수의 시는 단연 풍요롭고 은은한 빛으로 충만하다. 그러한 그의 지향이 우리 삶에 가득 배인 폐허의 분위기를 치유하고 새로운 상상력을 추구하게 하는 지남指南이 되어줄 것이다. 이는 회상 과정을 견지하면서도 우리가 나아가야 할 새로운 삶의 태도를 암시하는 기능으로 극대화해간다. 서정시가 인간 존재에 대한 신뢰를 고유한 언어 안에 담아내는 언어예술이고 사물과 현상에 대한 반응을 통해 근원을 상상하고 질문하는 방식이라면, 그의 시는 이러한 시간 경험과 그로 인한 심미적 초월을 소망한다는 점에서 전형적인 서정시의 범주에 귀속된다 할 것이다. 그래서 우리는 근원을 사유하는 그의 시편들을 통해 사물과 내면이 부딪치는 현장이 바로 우리 모두의 존재론적 기원임을 알아가게 된다.

    몇 해 동안
    도심 낮은 산에 머무를 수 있었다

    고립은 언제부터인가
    새삼 고맙고 반갑다

    작은 산에는
    세상 사연을 훑어 온 바람이
    골짜기를 거슬러 하늘에 오른다

    산은 산대로 나무를 키우고
    나무는 나무대로 묻힌 생명을 퍼 올려
    하늘에 닿으려 한다

    산을 딛고 사는 생명들은
    저마다의 하늘을 바라보며
    살아간다

    땅으로 돌아가는
    죽음의 순간마저
    하늘을 바라본다

산에 있어도
하늘 더 가까운 산을 갈망하는
사람들이 살고 있다
―「그 산에는」 전문

이 작품에는 김열수 시인의 인생론적 태도와 지향이 잘 함축되어 있다. 시인은 몇 해 동안 고맙고 반가운 '고립'을 택하여 도심 낮은 산에 머물렀다. 이때 '고립'은 수동적 격절隔絶이 아니라 스스로 택한 능동적 고독의 성채일 것이다. 순간순간 그곳에서 만난 "작은 산"에서 시인은 "세상 사연을 훑어온 바람"을 경험한다. 거기서 "산은 산대로 나무를 키우고/나무는 나무대로 묻힌 생명을" 키워가는 것을 바라다본다. 바람도 산도 나무도 모두 하늘에 닿으려 하는 것을 보면서 "생명들은/저마다의 하늘을 바라보며" 살아가고 있고 "땅으로 돌아가는/죽음의 순간마저" 하늘을 바라보고 있음에 상도想到한다. 이때 시인은 "산에 있어도/하늘 더 가까운 산을 갈망하는" 것이 사람들의 보편 욕망임을 깨닫는다. 그러니 시인이 산에서 배운 것은, 모든 순간이 "생과 사를 넘나드는/저 아슬아슬한 노래"(「매미울음」)에 담겨 있다는 것일 터이다. 그렇게 하늘과 땅, 삶과 죽음, 개진과 소진이 삶의 양면을 이루는 한 몸의 에너지임을 시인은 새삼 강조한다. 결국 모든 존재자들을 향한 "사랑은/내가 만든 크기만큼 존재한다는 것"(「이별을 지나서」)을 들려주고 있는 것이다.

    물끄러미 바라만 보아도 좋을
    순간은

    항상
    너무 짧다

    너를 보고 누군가는
    죽음을 상상할지 몰라

    뚫려진 가슴에
    노을이 짙어지는 날

    이별은
    혈관 속을 헤집고 다닌다

    기쁨보다 슬픔이 앞서는 너

    뜨거운 열기를 버리고 얻는
    황홀한 죽음 앞에

    누군가에게는
    슬픔이었을지 모를 나도

노을이었을 게다
―「노을에게」 전문

  이번에는 '노을'이다. 시인은 우리의 마음이 정점에 서서 "물끄러미 바라만 보아도 좋을/순간"을 생각해본다. 그런데 그 순간은 너무 짧기만 하다. 좋은 것이어서 짧은 것인지 아니면 짧기 때문에 더 좋은 순간일 수밖에 없는 것인지 알 길이 없다. 살아있는 사랑을 보고 문득 죽음을 상상하게 되는 것도 그 때문일 것이다. 노을이 짙어지는 날, 이별이 혈관 속을 헤집고 다니는 것도 그 점에서는 전혀 무리가 아니다. 그렇게 기쁨보다 슬픔이 앞서는 '너'라는 존재를 두고 시인은 "뜨거운 열기를 버리고 얻는/황홀한 죽음"을 상상하면서 "누군가에게는/슬픔이었을지 모를" 존재도 '노을'이었을지도 모른다고 말한다. 해거름의 노을에게 전하는 이러한 인생론적 전언이야말로 "너에게만 가는 하루가/다하지 못한 말"(「겨울 독백」)일 터이고, 마찬가지로 "어둠이 지배하는 시간은/빛으로 존재하는 시간보다/길지 않다"(「어둠은 길지 않다」)는 것을 에둘러 알려주는 표지標識가 되고 있지 않은가.
  우리가 잘 알듯이, 서정시는 꿈과 현실과 사이에서 적극적인 동기를 부여받아 언어적으로 완성되어간다.

따라서 꿈이나 현실 어떤 한쪽으로 기울어갈 때, 그것은 인간의 사유와 감각을 부분적으로 담아낼 수밖에 없게 된다. 그래서 서정시는 현실을 드러내면서도 그것을 품어 안을 수 있는 꿈의 언어를 마련하여 꿈과 현실의 상상적 접점을 노래해가게 마련이다. 그 꿈이야말로 현실에 배인 폐허의 기운을 치유하고 새로운 상상력을 추구하게끔 해주는 속성이 되어주는 것이다. 김열수의 시는 이러한 꿈과 현실의 접점을 통해 삶을 가능하게 해준 조건들을 삶의 순리로 노래한다. 이번 시집은 이러한 존재 전환의 역동성이 구체적 형상으로 나타나 있는 남다른 결실이 되고도 남음이 있다. 꿈과 현실의 접점에서 노래하는 삶의 궁극적 이치가 그 안에서 힘있게 출렁이고 있다 할 것이다.

4. '바닥'을 향한 '시', 가장 아름다운 성숙의 언어

다음으로 우리는 '시인'으로서의 자의식을 토로하는 과정 말하자면 김열수 시인 자신이 시를 써가는 존재임을 스스로 확인해가는 과정을 만나게 된다. 아닌 게 아니라 그의 시편은 우리에게 '시詩'야말로 시인 스스로 자신을 탐색하고 성찰하는 자기 확인의 속성을 강하게 띠는 예술 양식임을 선명하게 보여준다. 이는 산문 양식이 상대적으로 세계 탐구 성격을 가지고 있는 데 비할 때 시의 자기 탐구 성격을 강하게 암시하는 사례로 적합하게 다가온다. 또한 그는 자신의 삶을 응시하고 추스르고 반영하는 데 머무르지 않고 세계를 해석하고 판단하는 태도에까지 이른다. 그럼으로써 자신의 발화를 중층적으로 구현하면서 매우 투명하고도 구체적인 자기 개진 과정을 드러냄과 동시에 보편적 삶의 이치로까지 상승하려는 기능을 비유적으로 예시해준다. 은은하게 빛나는 회상과 고백을 통해 우리 기억 속에 오래 깃들일 순간을 창의적 어법으로 구체화해주고 있다. 그것은 시인으로서 가지는 실존적, 윤리적 사유로 가능해지는 어떤 차원일 터이다. 김열수 시인은 이러한 진정성이 담긴 공감 과정을 통해 시인으로서 가질 법한 고백적이고 성찰적인 자의식을 환하게 드러내고 있는 것이다.

    나는 썼다
    한 번의 사랑을 위해
    목숨을 거는 매미처럼
    짧은 생의 떨림을

    바람이 묻고
    햇살이 묻는 그 자리에
    정열의 불꽃을

너는 이어 주었다

우리는 서로 다른 언어,
고독의 방 안에서
한 줄의 시로 마주 앉았다

너는 나에게 거울이었고
나는 너에게 기억이었다

한 편의 시가 완성되고
그것은 누구의 것도 아니었다

오직 우리 둘이
잠시 머물다 남긴 흔적일 뿐

나는 알았다
시는 시인이 쓰는 것이 아니라
사람과 사람이,
더러는 사람과 바람,
사람과 별,
너와 함께 써 내려가는
또 다른 생의 고백이었음을
―「너와 나의 시」 전문

"나는 썼다"라는 선언으로 시작되는 이 작품은 "한 번의 사랑을 위해/목숨을 거는 매미처럼/짧은 생의 떨림"을 기록해온 '시인'으로서의 자의식을 토로하는 과정을 담고 있다. '나'는 언제나 정열의 불꽃을 이어주던 '너'와 "서로 다른 언어"로 고독의 방 안에서 마주 앉았다. 그 서로 다른 언어가 "한 줄의 시"로 나타났음은 말할 것도 없으리라. "너는 나에게 거울"이고 "나는 너에게 기억"이던 시절, 완성된 "한 편의 시"는 이제 누구의 것도 아닌 공유 영역 속에서 스스로 파문을 그리고 있었다. "오직 우리 둘이/잠시 머물다 남긴 흔적"인 '시'는 어느새 시인이 쓰는 것이 아니라 누구든 함께 써가는 "또 다른 생의 고백"이었던 것이다. 그렇게 '너'와 '나'와 '시'는 김열수의 시인으로서의 삶을 이루는 존재의 트라이앵글이었던 셈이다. "암벽에 새겨진/선사시대 벽화"(「아픔을 쓰는 법」)처럼 돌올하게 남은 흔적으로서의 '시'는 '시인 김열수'에게 "빼곡히 시가 새겨진/오월의 숲"(「오월의 숲속」)으로 진화하면서 새삼 항구적으로 남아 있을 것이다.

> 바다 곁에 살아본 적 없는
> 나는
> 깊은 물 속으로 가라앉는 법을
> 배우지 못했다
>
> 깊은 바다 속에는
> 고요한 평온의 시간만
> 있기를 바라며

산으로 간다

산맥의 가장 높은 산봉우리를 찾아
부유하는 기억들을 두고
깊은 바닥으로 낙하한다

수면을 헤치고
별처럼 빛나던 돌고래들은

늘
절망이 아닌 희망이었다

이제
생의 마지막을 흘리는
너의 눈물처럼
깊은 바닥으로 나를 보낸다
―「낙하」 전문

    시인은 바다 곁에 살아본 적이 없어서 물 속으로 가라앉는 법을 배우지 못했다고 한다. 다만 "바다 속에는/고요한 평온의 시간만/있기를 바라며" 시인은 익숙한 발걸음을 옮겨 산을 향한다. 산맥 가장 높은 산봉우리에서 시인은 깊은 바닥으로 낙하를 한다. 이때 상상 속으로 잠입하여 "별처럼 빛나던 돌고래들"을 희망처럼 만난다. "생의 마지막을 흘리는/너의 눈물처럼" 스스로를 보내는 '바닥'이야말로 생의 가장 깊은 수심水深이자 심연이었을 것이다. "꽃도 얼음으로 피어나고/태양도 굴복하여 연명하던/순백의 시대"(「빙하의 시대를 꿈꾸며」)를 소망하면서 시인은 "어둠이 짙어야 살 수 있는"(「고독」) 별빛의 고독으로 낙하를 수행중이다. 이때 낙하의 귀착점은 존재의 밑둥이자 바탕이 되어주는 둘도 없는 '바닥(bottom/basis)'일 것이다.

이처럼 시인이 주목하는 대상에는 그가 일상 속에서 마주치는 '시'나 '바닥'처럼 익숙한 조건들이 많다. 이러한 순간들의 오랜 접속을 통해 그는 현실에서는 불가능한 존재 전환을 끝없이 상상 속에서 도모한다. 그리고 일상적이고 물리적인 현실을 벗어나 전혀 다른 곳으로 이동하려는 꿈을 꾼다. 이때 이루어지는 상상적 경험은 사물로 시선을 옮겼다가 다시 궁극적 자기 발견으로 회귀하는 과정을 통해 이루어진다. 시인은 이러한 발견과 회귀 과정을 차례대로 치러내면서, 고유한 시선으로 사물의 독자성을 발견하고 그 응시의 힘으로 다시 삶의 태도를 성찰하는 선순환의 원리를 구현한다. 그 점에서 김열수의 시를 감싸고 있는 것은 성찰과 다짐이 반영된 가장 아름다운 성숙의 언어일 것이다. '바닥'을 향한 '시'가 그러한 역할을 남다르게 수행해주고 있다는 점은 다시 강조할 필요가 없을 것이다.

5. 오랜 기억의 문향文香을 통한 예술적 심화의 여정

우리가 천천히 읽어온 것처럼, 김열수의 시는 다양한 삶을 살아가는 우리의 아프고도 건강한 삶을 노래해 간다. 이 글에서는 시인이 희원하는 간절함을 담은 시편들을 골라 그 간절함을 가능케 한 것이 그만의 회상과 그리움의 시학이라는 것을 알 수 있었다. 물론 이러한 방법은 언어 생성을 통해 존재 생성이 이루어지는 과정을 살피는 것과 같다. 그만큼 그의 회상과 고백은 서정시 창작의 제일의적 수원水源이 되고, 그로 하여금 자신의 경험적 구체성을 견지하게 해주면서 이제는 그러한 시간을 되돌릴 수 없다는 그리움을 노래하게 해준다. 그래서 우리는 그 어둑하고도 쓸쓸한 기억을 담고 있는 김열수의 시를 깊은 예술적 실감으로 읽게 되는 것이다. 아닌 게 아니라 그의 시에는 그리움의 눈길로 가닿는 숭고한 별빛이 반짝이고 있다. 일견 명료하고 간결한 목소리를 통해 그는 사물이 숨겨놓은 천진성과 신성성에 동참하면서 자신이 일구고자 했던 꿈을 자연스럽게 노래한다. 결국 그의 시는 회상과 그리움으로 걸어가는 서정의 오솔길에서 발견된 보석과도 같은 어떤 것이다.

또한 김열수의 언어는 우리로 하여금 가장 근원적이

고 궁극적인 시간 형식을 경험하게끔 해주고 있고, 그것만으로도 매우 고유한 힘을 가지고 있다. 물론 그의 시는 날카로운 단층斷層을 드러내는 단속적 세계가 아니라 부드러운 곡선으로 나타나는 일종의 연속적 세계라고 할 수 있다. 오랜 기억의 문향文香을 통한 일관된 예술적 심화의 여정을 치러온 세계인 셈이다. 이처럼 뭇 존재자가 숙명적으로 거느린 삶과 죽음의 변증법을 아름답게 형상화한 그의 시는 비동일성이나 반시적反詩的 흐름과 무관한 세계로서, 다양한 미학적 형상을 통해 존재의 근원에 대한 사유와 감각의 원형을 보여준다. 앞으로도 우리는 그의 이러한 장점들이 한층 더 풍요로운 구체성을 덧입으면서 진화해가기를 마음 깊이 기대하고자 한다. 이번 시집 발간을 축하하면서, 더욱 투명하고 맑은 시경詩境을 오래도록 만나볼 수 있기를, 마음 깊이 소망해본다.

나도 빈집에 남은 낙타였다

초판 1쇄 발행 2025년 12월 1일
초판 2쇄 발행 2026년 1월 15일
저   자 김열수
발행인 박지연
발행처 도서출판 도화
등   록 2013년 11월 19일 제2013-000124호
주   소 서울시 송파구 중대로34길 9-3
전   화 02) 3012-1030
팩   스 02) 3012-1031
전자우편 dohwa1030@daum.net
인   쇄 (주)유진보라
ISBN 979-11-24052-09-9 *03810
정가 13,000원
잘못 만들어진 책은 교환해 드립니다.
저자와 출판사의 허락 없이 책의 전부 또는 일부 내용을 사용할 수 없습니다.

도화道化, fool는
고정적인 질서에 대한 익살맞은 비판자,
고정화된 사고의 틀을 해체한다는 뜻입니다.

*본문 144쪽 제목 : 열대야